シリウスへの帰還

2039年の真実

村田利明
Murata Toshiaki

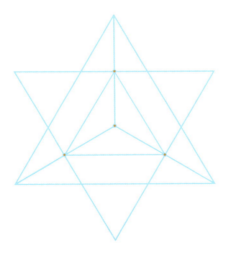

たま出版

はじめに

　この本は私の2冊目の出版となります。2002年に新風舎より『夢幻世界』のタイトルで画集を出したのですが、そのときは、文章が詩のような短文だけだったこともあり、あまり自分の言いたいことが伝わらなかったように思います。そこで今回は絵に長めの文章を組み合わせ、自分の主張をはっきりさせることにしました。

　形式的には画集ですが、内容的には精神世界といったジャンルになると思います。学校の教科書で習ったことや、新聞やニュースの報道を信じて、常識の枠内で生きている人にとってはとうてい受け入れられない主張ばかりでしょう。1ページ目から頭を抱えて本を投げ出したくなるかもしれません。ですが、この本で書いたことは私自身が信じていることばかりですし、信じていないことは文章や、まして絵に描きあらわすことなどできません。

　本書は『2013：シリウス革命』（半田広宣著・たま出版）と『2013 世界はグレンとひっくり返った　反転の創造空間《シリウス次元》への超突入！』（半田広宣・中山康直共著・ヒカルランド）からかなりの影響を受けていて、本文中でもたびたび引用しています。

　それ以外にも影響を受けた書物は多数あり、主なものは巻末の

参考文献に記しておきました。そのなかでも特に上記2冊については、この本に重ねて読んでいただけたら、私の言いたいことがよりはっきりと理解できると思います。

　この本は私の意識の内側を照射するものであると同時に、全人類の集合的無意識、アストラル界を巡る旅でもあります。私とともにこの世界の秘密を知る旅に出発する覚悟のある方は、どうぞページをめくってみて下さい。

目次

- 3 　はじめに

- 6 　三葉虫
- 10 　火星の人面岩
- 16 　疾走（白い獣）
- 20 　首長竜
- 21 　首長竜（骨格図）
- 26 　タロットカード　愚者
- 30 　樹・星・蝶
- 34 　グリーン・ルーム
- 38 　青い光
- 42 　海底に鎮座するプロビデンスの目
- 46 　魔女
- 50 　遮光器土偶
- 54 　魚と少女
- 58 　金の十字架
- 59 　磔刑像
- 64 　タロットカード No.17　星
　　　 13の月の暦
- 68 　13の「銀河の音」
- 69 　20の「太陽の紋章」
- 74 　火蛇・水蛇
- 78 　ピラミッドとスフィンクス
- 82 　シリウスへの帰還

- 86 　あとがき
- 92 　参考文献

三葉虫

　太古の海でまどろみ　どんな夢を見ているのだろう
　遥かなる進化の旅路を未だ知ることなく

　およそ５億4000万〜４億8800万年前、古生代カンブリア紀からオルドビス紀にかけて大繁栄していたとされる三葉虫。今は化石でしか知ることのできない、大昔の深い海の底で生きていた生物。

　常識的には、化石は地層のなかで長い時間をかけて、生物の死骸にさまざまな鉱物が入り込み石化したものとされる。だが本当にそうだろうか。

　半田広宣氏は著書『2013：シリウス革命』のなかで、氏のチャネリングの相手である「冥王星のオコット」と名乗る意識存在の言葉として、次のように述べている。「生物の死骸が化石になったという考えは間違っているのです。地層とはタカヒマラが交替化を行った次元の投影です。化石とは次元の交替化が作り出されたときに生み出された次元です。（以下略）」
　この部分だけを抜き出して書き写しても、なんのことだかまっ

たく意味がわからないだろう。簡単に言ってしまうと、キリスト教創造論の考え方に近いようだ。つまり、ダーウィンの進化論でいう適者生存、自然淘汰で生物が進化してきたのではなく、明確な目的、人知を超えた宇宙的な意思（宗教でいうところの神というより、それをも超越した存在というべきか）のもとに、現在あるような生態系、生物が存在するという考えである。化石とは「感性作用において進化を生み出せなかった人間の意識の影」ということになる。

この絵の三葉虫は、こうした人間存在の意識の深いところにある影の部分が形となってあらわれてきたものなのだ。

火星の人面岩

　我々はどこから来たのだろう　これからどこへ行くのだろう
　「顔」は黙して語らない
　しかし秘密が明かされる日はそう遠くはないのかもしれない

　1976年6月、アメリカの火星探査機ヴァイキング1号が地球に送信してきた映像のなかにそれはあった。火星の北緯41.218度、西経9.55度、通称シドニア地区。そこにあったのは、どう見ても人間の顔としか思えないものだった。「人面岩」の発見である。しかしNASAは当然のように「自然の岩が光と影の具合で人の顔のように見えるだけ」と説明した。

　「モントーク・プロジェクト」は、1943年のフィラデルフィア実験からはじまるアメリカの極秘実験である。この実験の目的は、電磁波が人間の精神にあたえる影響の利用法であり、実験の結果、電磁波により増幅された思念は時間や空間を曲げることができたという。これが意味するのは、タイムトラベルの実現である。
　1982年、モントーク・プロジェクトは火星探査に着手した。目的地はあのシドニア地区だ。その地下には無人の地下都市が存在

した。紀元6037年、つまり今から約4000年後の火星の地下都市へ行った者もいた。そこは完全な廃墟であり、文字どおり死の街だったという。そこには、台座に鎮座した黄金の馬の彫像があった。それはまるで生きているかのようであり、触れようとすると、電撃を受けたような衝撃で跳ね飛ばされた。また、この馬の前面に立つと、燦然と輝く異世界文明の幻影がかいま見えた。つまり、この黄金の馬はたんなる象徴的な彫像ではなく、人類にとって、未知の叡知が秘められた超文明の遺産なのだ。

　人面岩や黄金の馬などは火星人がつくったものなのだろうか？
　しかし、なにかひっかかる、どうしても違和感があるのだ。

　ここで話は飛ぶが、私自身のことについて書かせていただきたい。私は中学校のとき、数学で習った反比例のグラフ（$y=a/x$）で、xが0の特異点のとき、マイナスの無限大からプラスの無限大へジャンプするということが、具体的なカタチとしてどういうことなのか、どうしてもイメージできなかった。先生に質問しても、教科書を読んでも「数を0で割ることはできないから」という理由で無理やり納得させられたような感じだった。
　それから数年後、大学時代の私は精神世界、オカルト、預言書といった本を読み漁っていた。世界の裏側で起きていること、地球と宇宙の未来、人知を超えた真理を知りたかった。そしてある

とき、思い当たった。中学のときイメージできなかった、マイナスからプラスの無限大へ切り替わる瞬間こそ、ヨハネ黙示録で描かれる世界の終末、最後の審判そのものであるということに。

　つまりこういうことだ。横軸xを時間、縦軸yを宇宙空間とする。宇宙はビッグバンからはじまって今でも膨張しているとされる。ならば、膨張のスピードが加速度的に早まってついには無限大となり、時間と空間が反転すると考える。それこそが最後の審判であり、同時にビッグバンでもあり、新たな宇宙サイクルがはじまると解釈できるのではないだろうか。

　しかし、また新たな疑問が生じた。それは、なぜ地球の終末のときと、宇宙が無限大になるときが一致するのかということだ。宇宙には無数の恒星、惑星が存在し、生命のある星も膨大な数にのぼるだろう。そのなかには、まだ下等な生命しかいない星から地球よりはるかに進んだ文明を持つ星まで、進化レベルも様々だろう。であるならば、地球の終末、つまり宇宙の終末のとき、地球以外の星の生命体はどうなってしまうのだろうか。なぜ現在の地球の進化レベルに全宇宙が合わせるのだろう。いくら考えてもわからなかった。

　そんなときに『2013：シリウス革命』を読んだのだった。オコットは次のように言っている。「宇宙には太陽系しか存在していない。銀河系とは太陽系が別次元に映し出されたものであって、

それらは全く同一の存在である。つまり他の星系などこの宇宙には存在しない。太陽系の各惑星にも人類と全く同じ生命体が存在しているが、それは地球とは別次元の存在であり霊的な次元の階層である」

　これは、コペルニクスやガリレオが地動説を唱えるより以前の、天動説の考え方と概念的には近いもののようだ。だがまったく同じなのではなく、天動説と地動説を統合する第３の視点をつくるということでもある。また、別の個所では、ビッグバンと最後の審判は同じものだとも言っている。前の次元の宇宙の終わりは新しい次元の宇宙のはじまりと繋がっていて、それが繰り返し反復されている、としている。これを読んで、私は長年の疑問が氷解したのだった。

　人面岩とは、火星という霊的次元の鏡に映し出された、我々人類の姿そのものなのであろう。

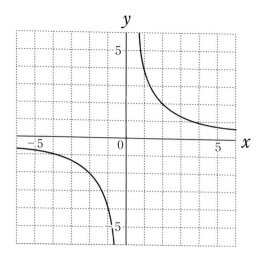

反比例のグラフ。次元の終わりは新しい次元のはじまりでもある。

疾走（白い獣）

　　あかね色にそまる夕暮れの丘を
　　一匹の白い獣が一目散に駆け下りていく……
　　白い獣とはなんの動物だろう　犬？　狐？　それともいたち？
　　いやどれでもない
　　白い獣は白い獣　私の空想の産物　架空の生き物である

　白……純潔、処女であること、超越者を表す。ところが、また死顔の青白さも連想させる色なので、東洋では喪の色とされる。チベットでは「世界の中心にある」メール山（上）の色で、解脱を表す。（『シンボルの世界』D.フォンタナ著より）

『逢魔が時』（中里和人・中野純著・ピエ・ブックス）によると、昔の日本人は夕暮れどきを1日のはじまりと考えていたという。日暮れからはじまり、夜は神々の時間、昼は人間の時間ととらえていたそうだ。そして、夕暮れと夜明けは人と魔が逢うかもしれない中間の時間で、文字通り「逢魔が時」だ。現在のように、夜中の12時を1日のはじまりとする考えが受け容れられるようになったのは、人々が機械時計を使うようになってからだということ

だ。しかし、時計ではかる時間は実は「偽りの時間」である。このことは後の「13の月の暦」のページであらためて取り上げることにしたい。

　オコットの情報によれば、意識が進化していくと昼と夜の区別がなくなるという。現在、昼と夜があるのは意識が二元的に働いているからで、この二元性が統一されると太陽はなくなり、空間は淡い黄金色に自ら輝きはじめて常昼の世界に変わっていく。そして、男性性と女性性も統合されて、両性具有のアンドロギュノス的な存在となる。これは聖書のヨハネ黙示録にも書かれていて、第22章5節に「夜はもうない、灯りも太陽の光もいらない、神が彼らに光を与えるからである」とあるのがそれである。

　この白い獣は霊的進化を希求する意思を象徴するものであり、意識が進化していくための動機ともいえるものだ。これから後のページでも何度か登場することになるので覚えておいてほしい。

首長竜・首長竜（骨格図）

　海底の廃墟の上をすべるように泳いでいく一匹の首長竜
　その視線の先にあるのは　化石となった自らの姿なのか……？

　首長竜と聞いて真っ先に思い浮かべるのはなんだろう。ネス湖のネッシーと答える人が多いのではないだろうか。もっとも、ネッシーの正体がなんであるかは諸説あり、いや、そもそも本当に存在しているかどうかさえも今もって謎であるのだが。

　ネッシーに限らず、地球上には数多くの未確認動物（UMA）がいる。スカイフィッシュ、チュパカブラ、イエティ、ツチノコ……。これらの動物たちは、なぜ正体が明らかにならないのだろうか。目撃者は数多くいるし、専門家は詳細な調査を繰り返しおこなっているというのに。時々、テレビ番組や雑誌の企画などで、肯定論者と否定論者の討論会などを見ることがあるが、議論はいつも平行線をたどり絶対に決着することはない。UMAに関してだけでなく、UFO、超能力、幽霊などおよそオカルトに関する事柄はみな同じ構図だ。肯定派と否定派の意見が融和を見ることはまずもってない。いったいなぜなのだろう。観測機器の性能が

十分に向上すればそれらの正体もとらえられるだろうという人もいるが、私はそうは思わない。なぜならそこにはひとつのパラドックスが潜んでいるからだ。

「シュレーディンガーの猫」という言葉をごぞんじだろうか。量子力学に関する思考実験で、物理学者エルヴィン・シュレーディンガー（1887〜1961）が考案した。かいつまんで説明すると次のようなものだ。
　まず、量子には二重性と呼ばれるものがあり、粒子の性質と波の性質の双方を持つとされる。電子を使った二重スリット実験では2つのスリットを通った電子が感光板に当たるとその跡が記録されるようになっていて、電子がひとつずつ通った痕跡は1点のみで、粒子である。しかしそれが何度も当たると、もし粒子であるならスリットの先の近辺だけに電子の跡が残るはずであるが、そうはならずに実際は干渉縞ができる。これは電子が波の性質を持つことを示している。コペンハーゲン解釈（物理学者がコペンハーゲンで会議をした時の定義）では、観測をおこなうと広がった波が収縮して粒子としての姿をあらわし、どこで観測されるかは確率的にしか予測できないとされる。
　さて、ここでシュレーディンガーはひとつの箱を用意し、そのなかに放射線検出器とそれと連動した毒ガス発生装置、放射性物質を含む鉱石と1匹の猫を入れ、ふたを閉める。このとき、鉱石

から放射性物質が出て毒ガスが発生するか否かは半々の確率だ。つまり、毒ガスを吸って猫が死んだ状態と生きている状態が共存していることになる。シュレーディンガーは量子というミクロの世界での確率的なふるまいを、我々の日常の場であるマクロの世界にあてはめるとこんな奇妙なことになってしまうという意味でこのことを言ったようだが、さてどうだろう。

　ここまで読んで私の言いたいことは大体おわかりだと思う。つまりUFOや超能力などオカルトがらみのことがらはシュレーディンガーの猫と同じで、見る人の信条に左右されるということだ。肯定派の人にとっては確かにそれらは存在し、否定派の人にとっては存在せず、ともにどちらの意見も正しいのだ。万人に等しく客観的な事実などというものはおそらくあり得ないのだろう。そうした意味で、この世界は人の数だけあるパラレルワールドともいえるかもしれない。

　ここで再度、絵を見ていただきたい。左に位置する首長竜は本来、生きているはずだが、これまでの論で明らかなように、存在するかしないかあいまいな状態である。これに対して、右に位置する化石は死体であり、生きていないものだが、確固たる存在であり博物館に行けば誰でも見ることができる（三葉虫のページで化石は生物の死骸ではないとする説を紹介したが、煩雑になるの

でここではそのことには言及しない)。ここに生と死の逆転現象が起きている。そうなのだ、これまで死後の世界と言われていた、目に見えない世界こそ、広大無辺な真実の世界であり、我々が生きているこの物理世界は、それよりも下に位置する影のようなものだということが、近い将来、明らかになってくるだろう。

タロットカード　愚者

　雨風吹きすさぶ夜の嵐のなかを
　白い獣とともに　敢然と進んでゆく
　この先になにが待ち構えているか　知るすべもなく

　愚者、タロット大アルカナのなかで唯一、番号のないカードである。順番も、最初に置かれたり、最後であったり、20と21のあいだにあったりとさまざまだ。そして、その解釈の仕方もまた人によりいろいろである。旅人であり自分で決めた道を自由に歩いていく者とする説、愚か者で魔術の修行についていけない落伍者であるとする説、宮廷の道化師であり組織の外部から物事をあるがままに見ているとする説、そして、背後にいる動物は実在とはなにかと追求する意欲を象徴するという説などなど。

　私が思うに愚者とは、これまで不当に貶められ蔑まれ苦痛を味わってきた者たちすべてを象徴しているような気がする。その意味では、全人類の罪を一身に背負い磔刑に処されたイエス・キリスト、高天原を追放されたスサノオノミコト、自らをスサノオの化身だとした大本教の出口王仁三郎、皆、愚者なのだ。

今、ひきこもりの人たちが増えているという。人工知能（AI）の発達で働く場を奪われ失業し、そのままひきこもってしまう人もこれからますます増えてくると思われる。『反転の創造空間《シリウス次元》への超突入！』のなかで２人は「ひきこもっている人たちは外界を遮断して菩薩行をやっている。新世界の扉が開き、今までと真逆の方向を見出したならば同時多発的に決起し出すだろう」という意味のことを言っているが、私も同感である。皆、愚者であり、救世主なのだと思う。

　この絵は自分自身も含め、新世界へ向けて歩みはじめた者たちすべての自画像である。

樹・星・蝶

　宵の明星が輝く夕暮れの空を　一匹の蝶が飛んでいる
　この光景を見ている私は
　蝶が見ている夢のなかの存在なのだろうか
　あるいはこの蝶は　世界の裏側からの侵入者なのかもしれない

　有名な「胡蝶の夢」の話である。蝶になった夢を見た荘子が目覚めた後、自分が蝶の夢を見たのか、それとも蝶が人間である自分を夢見ていたのかどちらだろうと自問したという故事だ。

　夢占いの本によれば、蝶は魂の象徴であるとされる。死を暗示したり、あるいは恋愛に対する期待が高まっている、とも。
　夢の世界は死後の世界と同一のものでもある。人間は昼起きて活動し、夜眠りにつき夢を見る。これは昼＝生きている期間、夜＝死んでいる期間というように、昼と夜、生と死があたかも入れ子構造のように対応している。これもまたオコットの言葉であり、「人智学」の創始者にして近代神秘学の巨人ルドルフ・シュタイナーも同様のことを言っている。

夢のなかの蝶は、あの世とこの世をつなぐ使者なのかもしれない。

グリーン・ルーム

　ほっと一息　リラックスタイム
　無重力の部屋のなかで　ふわりと宙に浮かんで

　グリーン・ルーム……緑の部屋。色彩の持つ力は人間の精神活動にいろいろな作用を及ぼすものである。そのなかで緑色は「自然」をイメージさせ、また「沈静感」「平和」「安全」などを連想させる。季節でいえば初夏の若葉のころのイメージだろうか。緑は、まず第一に植物の色だ。植物もまた我々とは違う形ながらも世界を知覚していることには変わりがない。
　植物の見ている世界とはどういうものだろう。ここでまた、オコットの言葉がヒントになる。それは「植物と動物が対化である」というもので、対照的な存在であるということ。植物と動物はお互いに反対の方向を見ている。植物は行動する身体も外界を知覚する目も持たないが、全宇宙を見ている。無限の宇宙空間を内と外を反転させて内包している、ともいえるかもしれない。

　漫画家・諸星大二郎の作品に「夢の木の下で」という短編がある。舞台は原始共同体というような異世界で、そこの人たちは一

郵 便 は が き

恐縮ですが
切手を貼っ
てお出しく
ださい

160-0004

東京都新宿区
四谷 4-28-20

(株) たま出版

　　　　ご愛読者カード係行

書　名				
お買上書店名	都道府県	市区郡		書店
ふりがなお名前			大正昭和平成　年生	歳
ふりがなご住所	□□□-□□□□			性別男・女
お電話番号	(ブックサービスの際、必要)	Eメール		
お買い求めの動機 1. 書店店頭で見て　2. 小社の目録を見て　3. 人にすすめられて 4. 新聞広告、雑誌記事、書評を見て(新聞、雑誌名　　　　　　　　)				
上の質問に 1.と答えられた方の直接的な動機 1.タイトルにひかれた　2.著者　3.目次　4.カバーデザイン　5.帯　6.その他				
ご講読新聞		新聞	ご講読雑誌	

たま出版の本をお買い求めいただきありがとうございます。
この愛読者カードは今後の小社出版の企画およびイベント等の資料として役立たせていただきます。

本書についてのご意見、ご感想をお聞かせ下さい。 ① 内容について   ② カバー、タイトル、編集について
今後、出版する上でとりあげてほしいテーマを挙げて下さい。
最近読んでおもしろかった本をお聞かせ下さい。
小社の目録や新刊情報はhttp://www.tamabook.comに出ていますが、コンピュータを使っていないので目録を　　　希望する　　　いらない
お客様の研究成果やお考えを出版してみたいというお気持ちはありますか。 ある　　　ない　　　内容・テーマ（　　　　　　　　　　　　　　　）
「ある」場合、小社の担当者から出版のご案内が必要ですか。 　　　　　　　　　　　　　　　　希望する　　希望しない

ご協力ありがとうございました。

〈ブックサービスのご案内〉
小社書籍の直接販売を料金着払いの宅急便サービスにて承っております。ご購入希望がございましたら下の欄に書名と冊数をお書きの上ご返送下さい。

ご注文書名	冊数	ご注文書名	冊数
	冊		冊
	冊		冊

人ひとりが各自自分のパートナーというべき植物と共生して暮らしている。そして夜、眠りにつくときに植物と夢を交換して、互いに相手の見るはずだった夢を見るのだ。漫画のストーリーはその後、事件が起こり進展していくがここでは省略する。ただ、私には人間と植物が互いの夢を交換するという設定が、真理の一面をついているように思えるのだ。

　この絵の主役は実は左端の隅に影だけ描いてある観葉植物だ。中央に浮かんでリラックスしている人物も、この部屋自体も彼の想像の産物なのだ。そして、これを読んでいるあなたも、書いている私も、また同様に……。

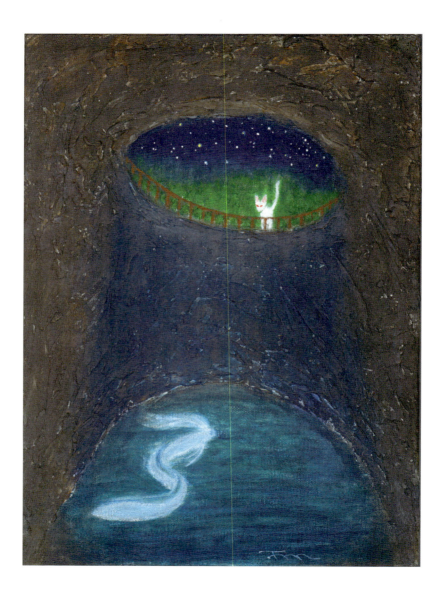

青い光

　　リュウグウノツカイ　洞窟のなか
　　アオイヒカリに照らされて……夜

　静岡県西伊豆堂ヶ島に「天窓洞」という景勝地があり、国指定天然記念物となっている。凝灰岩（安山岩）でできている海蝕洞窟で、名前の通り、中央は天井が丸く抜け落ちて天窓のようになっていて、洞窟内に光が射しこみ、神秘的で美しい光景だ。訪れる人は遊覧船で内部まで入ることができる。この絵は2016年10月に、家族旅行で行った天窓洞の印象を描いたものだ。もっとも実際に行ったのは昼間であり、リュウグウノツカイと上部から見下ろしている白い獣は空想で描き加えたものであるが。

　当時は異常に台風が多く、旅行の日程は前もって予約で決まっていたから、当日まで天気がどうなるか心配だった。案の定その日も台風が接近していて、遊覧船を降りたころから雨が降り出し、宿に着いたときには本降りの雨となった。翌日には天気は回復し晴れとなったものの、台風の影響で風が強く遊覧船は欠航であった。つまり台風の来るのが1日ずれていたら、遊覧船には乗れず

天窓洞も見られなかったことになる。単純に、ついていた、運がよかったと言ってしまえばただそれだけのことかもしれない。だが私には、なにか目に見えない存在から導かれていたように思えるのだ。

　洞窟は、象徴的な意味合いでは、無意識や異界への通路、胎内回帰願望などをあらわすとされる。この場合の洞窟とは、内部が暗闇の地下世界のイメージだ。だが、この天窓洞は天からの光が射しこんでいる。これまで無意識とされ眠らされていた神の意識に光があたり、目覚めのときを迎えていることを暗示しているような気がする。

海底に鎮座するプロビデンスの目

　深い海の底で　２匹の魚が会話をしている
「これはなんだろう」「なにかしらねえ」
「ピラミッドだよ」「目がついているわ」
　２匹の魚は謎の物体に興味しんしん

「プロビデンスの目」とは、三角形やピラミッドの中に目を描きこんだ図柄のことだ。アメリカの１ドル紙幣にも描かれているのでご存じの方も多いだろう。陰謀論ではフリーメーソンのシンボルとして、ピラミッドの最上位にいる一握りの支配者が、下層にいる残る大多数の人類を奴隷として管理する世界をあらわしているという人もいる。

　プロビデンスの目の起源は古代エジプトの「ホルスの目」だとする説が有力だ。ホルスは鷹の姿であらわされる神で、右目は太陽、左目は月と同一視された。そのことから、ホルスの目は万物を見通す至高存在の視線として信仰の対象となり、聖なる護符として崇拝された。

目を囲む三角形はカッバーラの「生命の樹」の、もっとも上位のケテル・コクマー・ビナーで形づくる「至高の三角形」だろう。存在の終わりに神が神自身を見ることのシンボルだ。ピラミッドにしてもたんなる王の墓ではなく、神秘的で霊的な存在だ。アトランティス人がつくったと主張している人もいる（ピラミッドに関しては後の「ピラミッドとスフィンクス」のページで詳述する）。

　だから、プロビデンスの目は、現在ではフリーメーソンのマークのように思われているが、本来は非常に神聖で崇高なシンボルなのだ。

「なるほど　そういうものか」
「この目は神様の目なのね」
　２匹の魚は納得したようだ

魔女

　水晶玉の中に映っているのは　なに？
　周囲には　魔術で呼び出された異形の怪物たち
　彼女の呪文だけが　闇のなかに　低く響いている……

　召喚魔術というものがある。天使や悪魔、精霊などを呼び出し、願望を実現しようとする魔術技法のことだ。1580年ころ、魔術師として名高いジョン・ディーとその助手エドワード・ケリーは、大天使ウリエルと大天使ミカエルを召喚し予言などのメッセージを受けた。
　また「20世紀最大の魔術師」と呼ばれ、ヨハネ黙示録の「666の獣」を自称したアレイスター・クロウリーが、1899年スコットランドのネス湖畔の館で実践したときには、悪魔と111匹の従僕が出現し大暴れした。周囲の関係者にさまざまな危害を加え死者も出たという。
　その後、クロウリーは妻のローズ・ケリーを通して超知性体エイワスから授けられたメッセージを筆記し、代表的著作『法の書』を出版することになる。こうした召喚魔術では術者自身が立って魔法円のなかに入り結界を張るのが普通であるが、この絵では魔

女が椅子に座った構図にして魔法円を描かなかった。このことについては後述する。

　ヨハネ黙示録第16章13〜16節に次のような記述がある。「かえるのような３つの汚れた霊が龍・野獣・偽預言者の口から出た（中略）神の大いなる日の戦争に彼らを集めるため（中略）それらは王たちをヘブライ語でハルマゲドンと呼ばれる場所に集めた」
　魔術で呼び出された怪物たちはこの３つの悪霊のことだ。

　悪霊たちは世界中に拡散した。その証拠に現在の世界情勢を見よ。一触即発の危機だ。ハルマゲドン（世界最終戦争）は間近に迫っている。

　先に「魔法円を描かなかった」と述べたが、実はクロウリーはエイワスの言葉として次のようなことを言っている。「伝統的な儀式に基づいて自らを魔法円のなかに囲って防御し、宇宙の一切のものと切り離す魔術は古い時代のもので、それに対して新時代の魔術は完全な霊的無防備の状態で、対立するものの共感的合一を旨とする「意思の下の愛」の魔術である」と。そして「汝の意思するところをおこなえ、これこそ法のすべてとならん」とし、「自らの内なる神性を認識し、自らの意思により、自分自身が神として覚醒せよ」とするのである。

「魔法円に入らず、宇宙の一切と合一し、自ら神となる」これこそが新しい時代の生き方なのだ。

遮光器土偶

　草原に立つ一体の遮光器土偶　ロボットだろうか
　目からビームを放ち　ミステリーサークルを作製している
　上空にはUFOが浮かび　かたわらでは白い獣が見守っている

　縄文時代、東北を中心に流行した遮光器土偶は、北方民族の雪メガネ（遮光器）を思わせる目の造形からそう呼ばれる。縄文時代の終わり近く、気候が寒冷化した不安に対しての祈り、呪術の強化が、結果としてこのような人間離れして怪異な表現の土偶となった、とするのが正統派学者の解釈だ。これに対して、一部の宇宙考古学マニアは「遮光器土偶はゴーグルを付け宇宙服を着た人間をかたどったもので、縄文時代に宇宙人が地球を訪れていたことの証拠だ」とする説を唱える。が、アカデミズムでは当然認められてはいない。

　ミステリーサークルはその名の通り、謎に包まれている。イギリスをはじめ、世界各地の麦畑に突如としてあらわれる、誰がなんのためにつくったのかもわからない不思議な図形のことだ。一部、人間がイタズラでつくったものもあるようだが、実際のとこ

ろはわからない。初期のころは単純な円形のものが多かったが、年々形が複雑になってきており、最近では極めて神秘的で象徴的なメッセージが込められていると思えるものも多い。

　私は、ミステリーサークルもまた「シュレーディンガーの猫」であると思う。誰がどうやってつくったかを詮索することは、実はさほど重要ではない。愉快犯の仕業だとして一笑に付す人々にとってはそれでいいのであるし、超自然的存在が介在していると考える人にはそれが正解なのだ。むしろ重要なのは、そのメッセージを目に見えないなにかからの贈り物として読み解くことではないだろうか。

　この絵では遮光器土偶がミステリーサークルをつくっているとしたが、もちろんそんなことを主張するつもりはない。私は絵のなかで白い獣として象徴した「これからはじまる霊的次元への明確な進化の意思」こそが、ミステリーサークル作製の原動力なのだと思う。

魚と少女

　満月の下　たき火をはさんで向かい合う人面魚と少女
　なにを話しているのだろう……
　そして少女の身体は金色に輝きはじめた

　世界最古の文明といわれるシュメール文明は、紀元前3500年ごろ、現在のイラクのあたり、メソポタミアの地に興ったが、それは通常の文明のように単純な形態から徐々に発展していくというようなものではなく、最初からまったく唐突に完成された文明体系をもって出現したといわれている。伝説によれば、半人半魚のオアンネス神がシュメール人に文明をもたらしたという。その姿は、遺跡に残されたレリーフなどを見ると、魚の着ぐるみを着た人間のようにも見える。

　人面魚、人魚、狼男、スフィンクス、亀仙人などなど、人間と動物が融合した存在は、世界各地の神話・伝説から、現在のマンガ・アニメのキャラクターに至るまで数え上げればきりがない。なぜ我々はこうしたハイブリッド生物、キメラに魅了されるのだろう。あるいは人間がまだ人間になる以前、動物だった時代から

の進化の記憶が成せるわざか、はたまた、昨今の驚異的な遺伝子操作技術により、実際にこうした生物が生まれているかもしれないという恐怖心からだろうか。

　この人面魚は伝説のオアンネス神か、それとも妖怪変化の類か、遺伝子操作で生まれた未来のハイブリッド生物なのだろうか。その正体がなんにせよ、少女は会話を通して世界の秘密を知った。身体が金色に輝き変容のときを迎えている。今、まさに世界は変わろうとしている。

金の十字架　磔刑像

　水中に両手を広げて立つ人形
　そのまわりを9匹の魚が
　まるで祝福するかのように周回している
（左右のページを立体視で重ね合わせて見て下さい）

　古今東西、巨匠から無名のアマチュアに至るまで、おそらく数えきれないほどの画家が描いたと思われる磔刑像。今回、私はデッサン用の木のモデル人形を使って表現したが、それには理由がある。現在の教会は人形と同じで、もはやイエスが説いた本来の教え、生命力は入っていないと思うからだ。

　聖マラキの預言というものがある。アイルランドの大司教であった聖マラキが1139年に預言したもので、内容は歴代のローマ教皇をシンボルであらわしたものだ。当時の第165代ローマ教皇ケレスティヌス2世（在位1143〜1144年）を1番目とし、112番目までを列記してある。ただしそのなかには対立教皇といって、後に教皇として認められなかった者が10名含まれているので、それを省くと、現在の第266代フランシスコ1世が最後の112番目とな

る。預言によればそのとき、「ローマ教皇庁が最後の迫害を受けるあいだ、ローマの人ペトロが教皇の座に就く、彼は多くの苦難の中で子羊を司牧し、その苦難が去ると７つの丘の町は崩壊、恐るべき審判が人々にくだされる」とある。つまり現在の教皇の在位期間中に最後の審判が訪れるということだ。

「イクテュス」とはギリシャ語で魚を意味する言葉である。イエス・キリスト、神の子、救い主を意味するギリシャ語の５つの単語 ΙΗΣΟΥΣ ΧΡΙΣΤΟΣ ΘΕΟΥ ΥΙΟΣ ΣΩΤΗΡ の頭文字を繋げると「ΙΧΘΥΣ イクテュス」となり、このことから魚は秘教的な意味でキリストをあらわすシンボルとなる。

　９という数にも創造に関するなにか深い意味があると思う。ギリシャ神話の芸術の女神ミューズ（ムーサイ）は９柱であるし、大本教にも九鬼の因縁に関する言及がある。エジプトの天地創造神話も９柱神だ。『シンボルの世界』には「９は聖数３の二乗、完成と永遠を示す不朽の数、中国では天層の数とされ、あらゆる数のなかで最高の吉数」とある。

　そして「回転」。ミクロの素粒子の世界からマクロの天体に至るまで、我々のまわりはすべて回転によって成り立っている。回転運動こそ創造原理そのものだ。

この項のはじめの方で書いた「教会には生命力が入っていない」というのはキリスト教だけのことではない。仏教もイスラム教も日本の神道も、その他世界中のあらゆる宗教が同様だ。出口王仁三郎は「ミロクの世になれば宗教はなくなる」と言った。各個人一人ひとりが自らの内なる神性に目覚め神そのものとなるならば、現在のような宗教は無用の長物となることは自明の理だろう。

　この絵では木の人形としてあらわされる、死に体となった現在の宗教は終焉を迎える。しかしそれは9匹の魚の回転によってあらわされる完全な創造のはじまりであり、我々一人ひとりが神として復活することにより達成されることとなるのである。

タロットカード No.17　星

シリウス・オリオン・プレアデス
これからはじまる大いなる意識の進化
これら導きの星たちが語る真実の言葉に耳を傾けよ

　通常のタロットでは、まんなかに大きな星が1つとまわりを小さな7つの星が囲む構図となっている。その大きな星は解説書によって、シリウスとするものや金星と解釈しているものなどがある。14番の「節制」（大天使ミカエルが両手に聖杯を持ち片側からもう片側へ聖水を注いでいる構図）とよく比較されるが、こちらは裸の女性が聖水を、片方は水たまり（無意識）に、もう片方は地面（意識ある心）にあけていて、こらえるものがなくなった状態と解釈される。また、女性を女神イシスだとしている解説書もある。全体として、いい意味のカードであり、15番「悪魔」16番「塔」の次であることから、破壊を乗り越えた後、高次の存在領域で生まれ変わる再生のシンボルともいえる。

　シリウス・オリオン・プレアデスとは、三位一体で円環状につながっているということで、実際の天体のことではなく、霊的な

次元の話であるが、この絵では構図を考えて星座として表現した。

　ここからはまた半田広宣氏によるオコット情報からの引用になるが、現在の人間はプレアデス領域にあるという。そして本来人間の本質はシリウスへ進化していく方向、神に向かう方向、光に向かう方向に意識を持たされているが、今の人間の世界はオリオンにとらわれたプレアデスになっていて、まんなかをつないでいるシリウスの次元が見えていない。このオリオンは本当のオリオンではなく、この結合によって人間の意識が物質の世界にとらわれたものになっている。

　創造の意識には眠っている時期と起きている時期があって、眠っている時期を調整期、起きている時期を覚醒期といい、この覚醒期には時間はなく、意識はシリウスの次元で働いていて宇宙の刷新をやっているという。現在は調整期でこの２つの時期は6500年という短い周期で移り替わる。最古の文明であるシュメール文明が約6000年前に出現したのは、覚醒期から調整期へと意識の進化が移ったからだということになる。であるならば、もうまもなく調整期から覚醒期へ移り、人間はシリウスの霊的な次元へ入っていくことになる。オコット情報ではこれを「入神」といい、2039年に起こるとしている。ちなみに五島勉氏も『ヒトラーの終末預言・側近に語った2039年』のなかで、終末の時を2039年だとしている。

星の世界はたんなる岩石の塊やガスの集まりなどでは決してない。それこそが真理の言葉そのものであるのだから。

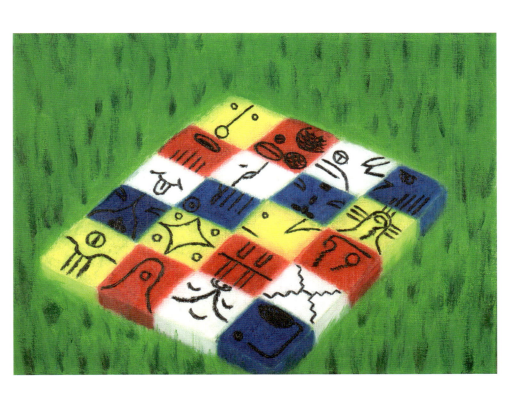

13の月の暦
13の「銀河の音」　20の「太陽の紋章」

ツォルキン・古代マヤで使われていた神聖暦
ホゼ＆ロイディーン・アグエイアス夫妻によって
現代によみがえった真正の暦
新しい時間を生きるための道しるべとなるもの

　13の月の暦は、古代マヤ文明の研究家であったホゼ・アグエイアス博士と妻のロイディーン・アグエイアスさんにより提唱された暦で、ひと月28日×13ヶ月＋1日＝1年とする「13ヶ月の暦」と、13の銀河の音と20の太陽の紋章を組み合わせて13×20＝260日を周期とする「ツォルキン」があり、その両方を使う。古代マヤ暦を元にしてはいるが、まったく同じではなく、あくまでもアグエイアス博士の創作したものである。正直に言って私自身13の月の暦に関しては実際に使いはじめてからまだそれほど経ってもいないし、語るだけの知識もない。解説書が数多く出ているので、各自でそれらを読んでいただけたらと思う（巻末の参考文献を参照）。

　私はこれまでのページで繰り返し、今という時代が終末のとき

であり、我々人間は霊的に進化し、神となる時を迎えているということを述べてきた。だが具体的になにをすればいいかということには、あえて触れないできた。なぜなら、なにをするかは個人一人ひとり皆違うと思うからだ。瞑想もいいだろうし、菜食主義に徹し心身潔斎するのもいいだろう。あるいは断食、ヨガ、超能力の開発等どれも有効だと思うし、否定するつもりはない。だが私自身どれも実践していないので人に勧めることはできない。そうしたなかで唯一、自分で実行しているのがこの「13の月の暦を使う」ということである。

　アグエイアス博士によれば、現在我々が普通に使っているカレンダーや時計は「12：60の計時周波数」であり、自然のなかに対応するリズムを持たない、完全に人工的で恣意的な「偽りの時間」であるという。そして、地球が危機に瀕している本当の理由は、自然とのシンクロを拒むその「偽りの時間」を使い続けているからということになる。

　それに対して「13：20の計時周波数」は、自然や地球、あるいは宇宙全体を司る時間の尺度であり「真の時間」である。人の体の主要な関節の数（肩・肘・手首・股・膝・足首の左右と首）は13、両手足の指の数は全部で20であることもこれを裏付けている。

　13という数は古来、不吉な数として忌み嫌われてきた。死の数

ということでだ。そして1年と12ヶ月や1ダースと12本、イエスと12人の弟子など、1つにまとめる働きとして13がある。20は伊勢神宮の式年遷宮が20年ごとにおこなわれるように、反転、宇宙輪廻のシステムを司る聖数であり生の数だ。「13：20」のツォルキンを使うということは、死と生を統合していくビジョンを持つということでもある。

　余談であるが、ある予備校のマークで13時まである文字盤の時計というのを見たことがある。由来について私は知らないが、これもなにか関係があるのだろうか。

　私自身、13の月の暦を使うようになってから、シンクロニシティが増えたり、人生の目的が明確になってきたように感じる。読者の皆さんにも使ってみることをお勧めするが、ひとつ注意したいのは、他人に強制しないでほしいということだ。あくまで個人として、使ってみようと思うときがその人にとってのベストなタイミングであるので、嫌々はじめてもだめだからだ。強制してなにかをさせるということは力による支配であり、これまでの宗教と同じになってしまう。13の月の暦は宗教とは全く違う、むしろ正反対のものだ。

　自分でしたいことをする、これはクロウリーの「汝が意思することをなすべし、これこそ法のすべてとならん」であり、ヨハネ黙示録にも「不義をおこなっているものはいよいよ不義を行うよ

うに、不潔な者はいよいよ不潔になるように、しかし義なる者はいよいよ義をおこない、聖なる者はいよいよ聖なる者となるように」（第22章11節）とある。これからは他人にかまっているひまはなくなり、自分がなにをなすべきかがますます重要になってくる。

　半田広宣氏はこのことを「今の人間は幅で空間を見ていて社会的・世間的な横のつながり、大きさや量の多さを重視しているが、これからは奥行きで見るようになり、永遠の世界の存在の深さを重要視するようになる」と表現している。

　13の月の暦は、自分の進むべき道の指針を与えてくれることと思う。

火蛇・水蛇

　火と水　世界を形づくる根源の要素
　回転し　ねじれ　螺旋となり
　あらゆるものを生み出してゆく……

「火」と「水」でカミと読む。垂直に上昇する火と水平に流れる水、私たちはこのふたつのエネルギーが交差する世界に生きている。火水の出現により世界は幽から顕になったのだ。
　火と水はまた、相反するふたつの力の象徴でもある。
　オコットの言葉ではこのことを「対化」と呼ぶ。対化とは対に化けたもの、相対化したもの、二元化されたもの、といったような意味だ。オコットによれば宇宙におけるすべての事物は対化としてしか存在し得ないという。始まりと終わり、ミクロとマクロ、肯定と否定、男と女、存在と無、＋と－などなんでも構わない。対概念として列挙できるものすべてが対化の全体性ということだ。当然、この宇宙に対化の種類は無限に存在する。
　そのなかでももっとも本質的な対化が「観察精神（オリオン）」と「付帯質（プレアデス）」という対化であり、進化とは、観察精神と付帯質という根源的な対化を等化に導くことなのである。

ここでいう観察精神とは、万物の多様性をすべてひとつに統合した偉大な宇宙的知性のことであり、付帯質とはその反映として生まれる無限の多様性を持つ物質世界のことである。つまりは神と人ということだ。「タロットカード No.17星」で、「今の人間の世界はオリオンにとらわれたプレアデスになっていて、人間の意識が物質の世界にとらわれたものになっている」と書いたが、進化とは、オリオンとプレアデスを、シリウスを通じて等化すること、つまり神と人とが統合していくことである。ここでまた「自らの内なる神性を認識し、自らの意思により、自分自身が神として覚醒する」というアレイスター・クロウリーの言葉が思い起こされるだろう。

　蛇は、一般的には旧約聖書・創世記の、エヴァをだまして知恵の木の実を食べさせたとする記述から悪魔の化身とされるが、グノーシス主義においては知恵こそが最重要視される。このことから、蛇は知識の象徴でありキリストをもあらわし、生命力、死と再生の象徴でもある。

　火蛇と水蛇はこの後、羽が生え、ケツァルコアトルへと変身してゆくことになる。

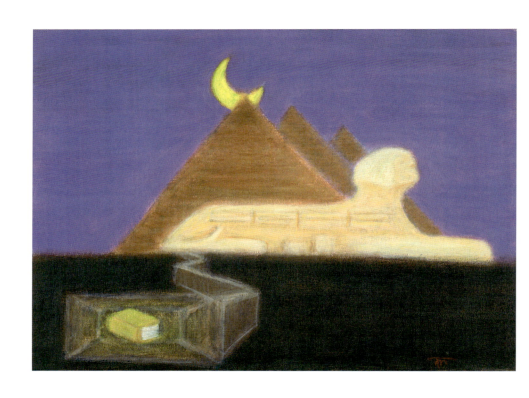

ピラミッドとスフィンクス

　黄金の刃が三ツ山の頂を掠め　人頭獅子体の怪物は
　はるか彼方を見つめ　ひとり静かに座っている

　エジプト、カイロ近郊、ギザの大地に建つ３基のピラミッドとスフィンクス。おそらく世界でもっとも有名な建造物といっても過言ではあるまい。同時にまた、もっとも謎の多い建造物でもあるだろう。定説では、ギザの三大ピラミッドは紀元前2500年ごろに建てられた、クフ、カフラー、メンカウラー、それぞれの王の墓だとされ、スフィンクスも同時代につくられたとする。
　これに対し、在野の研究者の多くは真っ向から反論している。まずはロバート・ボーヴァル、彼は天文学用のコンピューターを使い、三大ピラミッドの大きさと配置がオリオン座の三星に正確に対応していることを証明した。次に、ピラミッドの横を流れるナイル川とオリオン座と天の川との関係も調べた結果、ほぼ重なるが若干ずれることがわかった。それを地球の歳差運動（地軸のズレ）のためだと考えたボーヴァルは、コンピューターで解析した結果、今から１万2500年前にはぴったり重なることがわかった。１万2500年前といえば、伝説のアトランティス文明があったとさ

れる年代だ。これに対してオコットは明確にこう言っている。
「ピラミッドは前次元の変換期であるアトランティス時代につくられた」と。

スフィンクスの建造年代を調べたのは地質学者のロバート・ショックだ。彼はスフィンクス表面の浸食痕を分析した結果、雨によるものだと結論づけ、つくられたのはエジプトが今のように砂漠化する前、岩石を浸食するほどの降雨があった、今から約１万2000年前であると主張した。

グラハム・ハンコックはボーヴァルやショックの説を踏まえ、建造年代を紀元前１万年前後とし、その建造目的も王の墓などではなく、「ピラミッドは死者を神的存在へと昇華させる装置のようなものであり、その建造にあたっては特殊な能力を持った神官たちが巨石を宙に浮かせる技術を駆使していた」とする説を展開している。

漫画家で超常現象研究家のあすかあきお氏は、ピラミッドをつくったのは旧約聖書に登場する預言者エノクであるとし、３大ピラミッドにはカッバーラの奥義が隠されており、神の３柱をあらわすとしている。そして、ピラミッドとスフィンクスの関係は日本の神社と狛犬と同じものだとし、元々スフィンクスは２体あり、片方はノアの洪水の直撃で崩壊したとする説を唱えている。

スフィンクスの底には地下室がある。アメリカの「眠れる予言

者」として名高いエドガー・ケイシー（1877〜1945年）は、リーディングで次のように言う。

「（ピラミッド建造に関する）一切の資料はスフィンクスの底にある地下室で発見されるだろう……この資料は（ピラミッドが）いかに建てられたかを文字であらわしたものであり、スフィンクスの底のギゼーに向かっている角の経路で発見されるだろう」

ケイシーによれば、そこには大洪水以前の「アトランティス文明」のすべてが収められているという。

そして1993年、地震波測定による調査でスフィンクスの足元の奥深くに未発見の謎の大空洞が存在することが実際に確認されたのだ。前述のあすかあきお氏はスフィンクスの隠し部屋についても言及しており、そこに収められているのは「ゾハル」だとしている。ゾハルとはカッバーラでは天界の窓という意味で、絶対神から与えられた光り輝く石（結晶）を指すといい、日本の神社の狛犬が持つ「宝珠」もゾハルだという。錬金術でいう「賢者の石」とは大ピラミッドのことであり、同時にゾハルのことも示すといっている。

2039年、人類が神となるその時、スフィンクスの地下室の謎も明らかになるだろう。

シリウスへの帰還

　2039年　シリウス次元へと移行するとき　人類は神となる
　ケツァルコァトルとともに　いざ行かん

　ケツァルコァトルとはアステカの神話に登場する神の名前で、また、アステカだけでなくメソアメリカ全体に普遍的な神でもあり、蛇の身体に羽が生えた姿をしていて、マヤではククルカンと呼ばれる。伝説によれば天地の創造神であり、あるとき東方からあらわれて、天空より舞い降りてきたという。叡知の神であり、人々にさまざまな文明を授けた。自ら争いを起こすことはしないが手向かう敵には容赦せず、炎に身を包んで敵の武器を無力化し降参させたという。その後、再び戻ってくることを人々に約束し空の彼方に消えていったと伝えられている。「ある日、突然現れて人々に教えを説き、迫害を受けて昇天する。しかし、そのとき必ず再臨を約束する」これはイエス・キリストのことでもある。

　マヤといえば、2012年12月23日でこの世が終わるとした預言を語らないわけにはいかないだろう。預言を信じる人たちがパニックになったりして、当時、新聞やニュースでも報道されたので覚

えている方も多いだろう。あれからもう5年、結局何事も起らなかったじゃないか、預言など信じないと大方の人は言うかもしれないが、それこそ物質次元のみにとらわれたものの見方だと思う。

　私の考えでは、2013年以降、確かに世界は反転した方向に入ったと感じる。ただしそれは霊的次元でのことであるから、現実の世界ではまだこれといった変化はないかもしれない。しかし徐々に変化はあらわれてきている。日本でも世界でも、政治、経済、環境、教育、あらゆる面で行き詰まり限界を迎えている。それと並行して、神の真理を述べ伝え新たな世界を創造していく動きもはじまっている。

　ついでにいうと、1999年8月のグランドクロスのときも世間では「ノストラダムスの予言ははずれた」と言っていたが、このときも霊的な変化は確かにあった。オコットはグランドクロスを「意識が「位置の等化」の次元に入ることを意味する」と言っているが、まさにちょうどそのとき、1999年8月15日に『2013：シリウス革命』の初版第1刷が発行されている。

　このケツァルコアトルは火蛇と水蛇が進化したものだ。2匹がお互いに絡み合いながら上昇していく2重螺旋の創造のエネルギーだ。DNAであり、陰と陽、宇宙的な女と男、イシスとオシリスだ。この宇宙はそうやってできている。我々はそういう世界に今から入っていくのである。

さあ一緒に飛び立とう。この世界のありとあらゆるものが、私でありあなたであり、一瞬が無限であり、永遠であり、すべてのものがすべてであり、これまで歴史のなかで死んでいったすべての死者たちが復活し、全世界の人類が覚醒し、なにもかもが明らかになる日はもうまもなく訪れるのだから。

あとがき

　太古の海の底からはじまった私たちの旅も、ついにシリウスの高みへと到達しました。ここまで読んで下さった皆さんに意識の変容が起きたなら、作者としての目的も果たされたというものです。
　ここで現実に戻り、現代の社会、私たちの置かれている状況を見回してみましょう。まずは貧富の差の拡大、格差社会が大きな社会問題となっています。本屋に行けば貧困問題を扱った本がいやでも目につきます。生活保護受給者も増え続けています。ひきこもりの人も増えており、その数は推定で100万人以上ともいわれます。正直に告白しますが、私自身週３日のアルバイトとネット通販の副業をしていますが、収入は到底充分とはいえず、年金受給者の両親と同居することでなんとか生活している状況です。
　地球温暖化の影響も深刻です。気温の上昇にともない、夏の温暖化だけでなく、台風や竜巻、大雨、冬の大雪、その他の災害もますます激甚化してくるといいます。火山の噴火、大規模な地震の被害も年を追うごとに増えてきています。
　少子高齢化がこのまま進めば、日本の国力は低下の一途をたどると多くの人が言っています。
　海外に目を転じてみますと、アメリカではトランプ大統領の誕

生で社会の分断化が顕著になり、ヨーロッパでもポピュリズムが台頭、中東ではISイスラム国、アジアでは中国、北朝鮮、そしてロシアと世界中がきな臭い方向へ進んでいるように思えます。

　何もかもが行き詰まり限界を迎えています。私たちの文明はもう終わりなのでしょうか。人類はもう滅亡するしかないのでしょうか。

　いいえ、そんなはずはありません。もしこのまま滅亡してしまうというのなら、これまでの単細胞生物から人間へと進んできた長い進化の道のりはいったいなんだったのでしょう。まったくの無意味だったことになってしまいます。

　イエス・キリストも、ノストラダムスも、大本の出口王仁三郎も、日月神示の岡本天明も、黙示録のヨハネも、名だたる預言者は皆口を揃えて言います。「悪神の経綸は九分九厘まで成就する。この世の終わりには世界は大艱難の時代を迎え、人間の力ではもうどうにもならないところまで行く。そして最後の最後、もはやこれまでという時に至り、いよいよ一厘の仕組みが発動しキリストの再臨、世界は一転し、悪は消滅、天国・みろくの世・至福の世界が実現する」と。そうです、なにひとつ心配する必要はないのです。すべては寸分の狂いもなく預言のとおりに進んでいるのですから。

　神道霊学の立場では日本は世界の雛型であり、日本で起きることは世界に波及して、同様のことが起きるとされます。日本では

今、少子化がかつてないはやさで進行しています。しかし、新しい世界では私たちは両性具有のアンドロギュノスになり、男性性と女性性が統合された存在となります。これまでのように男性と女性の性交により子供をつくり子孫を残していく必要はなくなるのです。結婚しない人が増えているのは、このことを無意識のところではわかっているからだと思います。
　本文中で何度も取り上げた半田広宣氏は、現在「ヌース・コーポレーション」という会社を経営し、フリーエネルギーの研究をしているそうです。『反転の創造空間《シリウス次元》への超突入！』の著者のひとり中山康直氏は、植物の麻の持つ特性（麻は放射性物質を無視し、放射能から身を守ってくれる結界の働きがあるそうです）の研究を通して神や宇宙の秘密に迫ろうとしており、「MANAKA リアリティ」と名づけています。
　フリーエネルギーというのは空間からエネルギーを取り出すもので、有名な物理法則「$E = mc^2$」やエントロピー増大の法則に反するものですから、常識的に考えればまったくあり得ないものです。しかし、この世界は量子でできています。本文中何度も見てきたように、この世界の本質は確率的な存在であり「シュレーディンガーの猫」なのですから、どんなに荒唐無稽なことでも心底信じればそれは現実になるのです。「信じる者は救われる」という言葉はそういうことなのです。イエスも「充分な信仰があれば山を動かすこともでき、何事も不可能ということはない」と言

っています（マタイによる福音書第17章20節）。

　インドの聖者サイババは、なにもない空間に物質を出現させることができたといいます。フリーエネルギーは必ず実現します。

　冒頭で述べたような現在起きている様々な混乱は、つきつめて考えればすべてエネルギー問題に集約されるともいえます。エントロピー増大という法則に従っているかぎり、何事も無秩序な方向へ向かわざるをえず、そのなかからエネルギーを取り出すために富の独占がおこなわれているのです。フリーエネルギーが実現すれば、こうした問題も解決の方向に向かうのではないでしょうか。精神の力で無から有が生み出せるようになれば、お金も不要になってくると思います。

　生物学者のライアル・ワトソンは著書『生命潮流』のなかで「100匹目のサル現象」という概念を提唱しています。これは「ある一匹の猿が芋を水で洗って食べることをはじめた。それを見た身近にいる猿たちも真似するようになり、99匹までそうして拡がっていった。そして100匹目に達すると、直接出会うことのない離れた群れの猿たちもまるでテレパシーで伝わったかのように同様の行動をしはじめた」というものです。ヨハネ黙示録第14章１～５節に、イエスに付き従う者が14万4000人いる、とあるのも、このことを示すのだと思います。オコットも「一人が覚醒を起こせばその力はすべての個体に伝播する」と言っています。

　アメリカのコンピューター技術者レイ・カーツワイルは、人工

知能（AI）が人間の知能を超えるときを「シンギュラリティ（技術的特異点）」と名づけ、そのときは2045年ごろだと予測しています。そして、人間よりも賢くなったAIは自らより賢いAIを自己複製できるようになり、その後の世界は現在からまったく予想できないものになるだろうと言っています。

　オコットはコンピューター社会のことを「スマル（霊が死滅していく世界）」だと言っています。同時にまた「人間の意識進化の予兆のようなもの」だとも言います。おそらくは同時並行的に進んでいくのでしょう。2039年に起こるとされる「入神」と2045年頃の「シンギュラリティ」は、若干のずれはあるものの、おそらく同じことを指し示しているのでしょう。また最近よく言われる「アセンション」という言葉も、このことと関連があると思われます。

　この本を最後まで読んでくれた皆さん、立ち上がりましょう。行動を起こしていきましょう。2039年まであと20年ほど、この世界は、物質文明から霊的文明へとこれから劇的に変化していくはずです。私たちはそのような、とてつもない時代に生きているのです。

　最後になりましたが、たま出版編集部の中村利男さん、吉田冴絵子さんには、ページの構成から文章の手直しまで、細部にわたり大変お世話になりました。その他スタッフの方々と、印刷所エー

ヴィスシステムズの皆さんの協力なしには、この本が世に出ることはありませんでした。改めて感謝申し上げます。

参考文献

『2013：シリウス革命』半田広宣著（たま出版）
『2013世界はグレンとひっくり返った　反転の創造空間《シリウス次元》への超突入！』半田広宣、中山康直著（ヒカルランド）
『恐竜・古生物ILLUSTRATED――よみがえる陸・海・空の覇者たち』（ニュートンプレス）
『火星の謎』（学習研究社）
『謎のタイム・ワープ――モントークプロジェクト』プレストン・ニコルズ、ピーター・ムーン著（学習研究社）
『タイム・アドベンチャー――モントークプロジェクト2』プレストン・ニコルズ、ピーター・ムーン著（学習研究社）
『シンボルの世界』ディヴィッド・フォンタナ著（河出書房新社）
『夢の世界』ディヴィッド・フォンタナ著（河出書房新社）
『心と脳』ディヴィッド・コーエン著（河出書房新社）
『宇宙との交感』ジェフリー・コーネリウス、ポール・デヴェルー著（河出書房新社）
『逢魔が時』中里和人、中野純著（ピエ・ブックス）
『驚異の未知動物コレクション』新博物学研究所著（グラフィック社）
『未確認動物UMAの謎』並木伸一郎著（学習研究社）
『絵解きパラドックス』（ニュートンプレス）
『タロット占い　カードが語るあなたの未来』ウィル著（池田書店）
『ANGEL TAROT』（エンゼル商事株式会社）
『詳細　夢解き事典』不二龍彦著（学習研究社）
『細密　夢占い事典』秋月さやか著（学習研究社）
『アカシャ年代記より』ルドルフ・シュタイナー著（国書刊行会）
『ルドルフ・シュタイナー　遺された黒板絵』ルドルフ・シュタイナー著（筑摩書房）
『ルドルフ・シュタイナーの100冊のノート』ルドルフ・シュタイナー著（筑摩書房）
『配色イメージ見本帳』石田恭嗣著（エムディエヌコーポレーション）
『夢の木の下で』諸星大二郎著（マガジンハウス）
『深海のフシギな生きもの――水深11000メートルまでの美しき魔物たち』藤倉克則、ドゥーグル・リンズィー監修（幻冬舎）

『イルミナティ対談　悪魔の秘密結社と聖書預言』ベンジャミン・フルフォード、泉パウロ著（学研パブリッシング）
『ムー的都市伝説』並木伸一郎著（学研パブリッシング）
『カバラの道』ゼブ・ベン・シモン・ハレヴィ著（出帆新社）
『法の書』アレイスター・クロウリー著（国書刊行会）
『神秘学の本──西欧の闇に息づく隠された知の全系譜』（学習研究社）
『図説　近代魔術』吉村正和著（河出書房新社）
『図説　錬金術』吉村正和著（河出書房新社）
『図説　フリーメイソン』吉村正和著（河出書房新社）
『諸星大二郎「暗黒神話」と古代史の旅』太陽の地図帳編集部編（平凡社）
『神々の遺産オーパーツの謎　超古代文明は警告する！』（学習研究社）
『ミステリーサークル写真集1999』中里精一、スティーヴ・アレクサンダー、パンタ笛吹著（アウル企画）
『シュメール文明　古代メソポタミア文明の源流』ヘルムート・ウーリッヒ著（佑学社）
『スペースプログラムが予言する終末へのカウントダウン』韮澤潤一郎著（たま出版）
『星座図鑑』藤井旭著（河出書房新社）
『ヒトラーの終末予言　側近に語った2039年』五島勉著（祥伝社）
『甦るマヤの預言「新しい時間」の発見』ホゼ＆ロイディーン・アグエイアス著（風雲舎）
『アルクトゥルス・プローブ』ホゼ・アグエイアス著（たま出版）
『古代マヤ文明が日本を進化させた！』高橋徹著（徳間書店）
『マヤの宇宙プロジェクトと失われた惑星』高橋徹著（たま出版）
『13の暗号』高橋徹著（ヴォイス）
『マヤン・オラクル　星に還る道』アリエル・スピルスバリー、マイケル・ブライナー著（ナチュラルスピリット）
『新しい時間「13の月の暦」からはじめよう！』倉元孝三著（こよみ屋）
『王仁三郎の霊界物語は科学でこう解ける』須藤アキオ著（徳間書店）
『予言と神話　出口王仁三郎と霊界物語の謎』霊界物語研究会編（八幡書店）
『グノーシスの神話』大貫隆著（岩波書店）
『古代エジプト文明ファラオの秘宝』（日経ナショナルジオグラフィック社）
『世界の伝説と不思議の図鑑』サラ・バートレット著（エクスナレッジ）
『大ピラミッドとノアの大洪水』あすかあきお著（学習研究社）
『失われたもうひとつの大スフィンクス』あすかあきお著（学習研究社）

『大ピラミッドと契約の聖櫃』あすかあきお著（学習研究社）
『大スフィンクスの地下室の正体』あすかあきお著（学習研究社）
『幻獣イラスト大事典』（宝島社）
『月刊ムー 2012年6月号増刊　2012年大予言』（学習研究社）
『貧困クライシス　国民総「最底辺」社会』藤田孝典著（毎日新聞出版）
『大人のひきこもり　本当は「外に出る理由」を探している人たち』池上正樹著（講談社）
『聖書——新世界訳』（ものみの塔聖書冊子協会）
『聖書』（日本聖書協会）
『ノストラダムス大予言原典——諸世紀』ミカエル・ノストラダムス著（たま出版）
『一二三　（一）　現代語版「日月神示」』岡本天明著（文芸社）
『生命潮流　来たるべきものの予感』ライアル・ワトソン著（工作舎）
『シンギュラリティは近い——人類が生命を超越するとき（エッセンス版）』レイ・カーツワイル著（ＮＨＫ出版）

著者紹介

村田 利明（むらたとしあき）

1966年東京生まれ。1990年、大阪芸術大学環境計画学科卒業。設計会社に就職するが2年で退職、以降アルバイトをしながら創作を続ける。現在は千葉県習志野市在住。
これまでに個展3回をそれぞれ名古屋市民ギャラリー、東京神楽坂アユミギャラリー、東京錦糸町ギャラリー山下にて開催。
1996年1月から6月の半年間、横浜マイカル本牧フリーマーケットに月1回のペースで出店、自作の絵を額装して販売した。2002年に画集『夢幻世界』を発表。

シリウスへの帰還　2039年の真実

2017年9月1日　初版第1刷発行

著　者　村田　利明
発行者　韮澤　潤一郎
発行所　株式会社　たま出版
　　　　〒160-0004　東京都新宿区四谷4-28-20
　　　　☎ 03-5369-3051（代表）
　　　　http://tamabook.com
　　　　振替　00130-5-94804
印刷所　株式会社　エーヴィスシステムズ

ⓒ Murata Toshiaki 2017　Printed in Japan
ISBN978-4-8127-0407-3　C0011